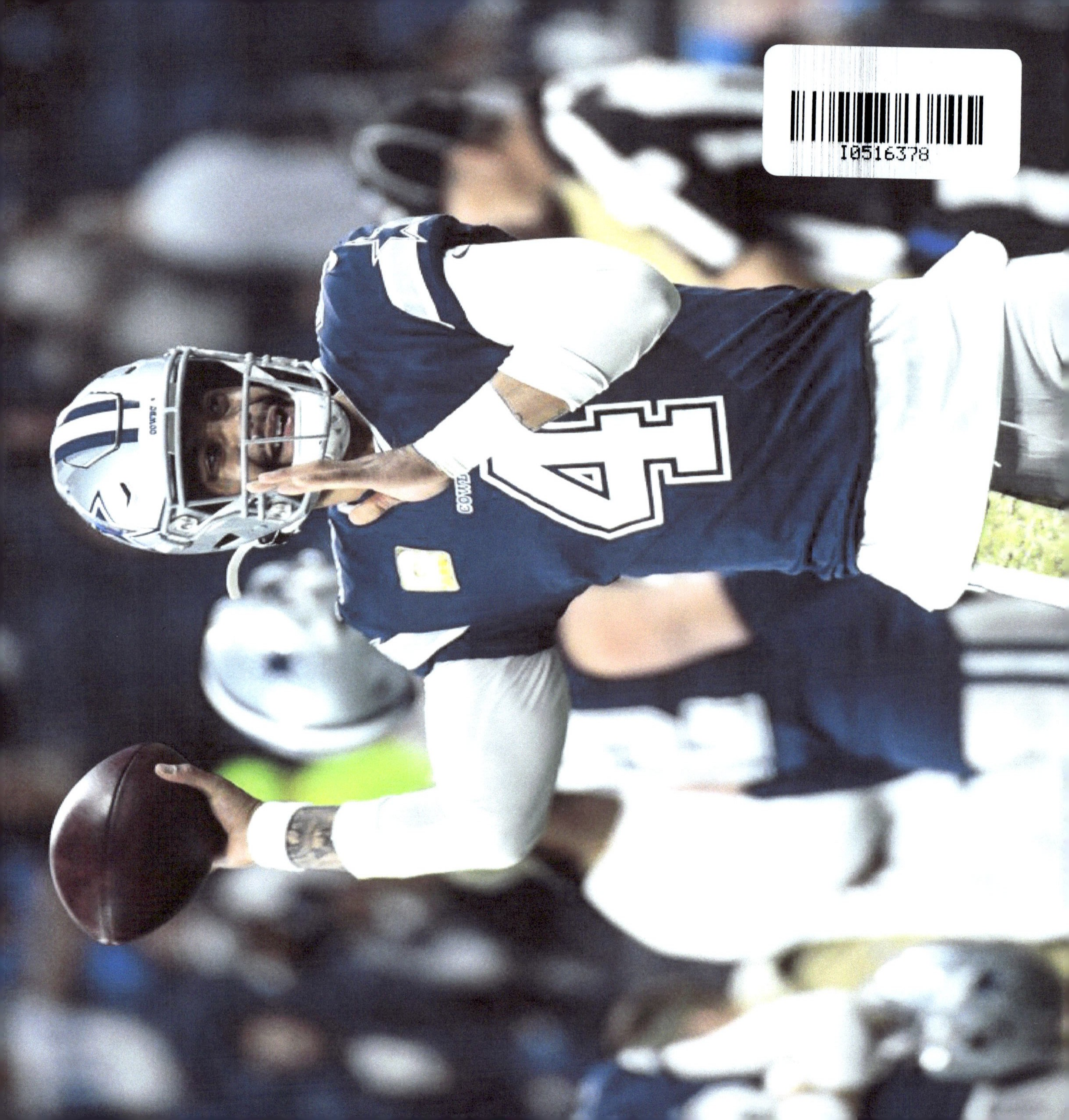

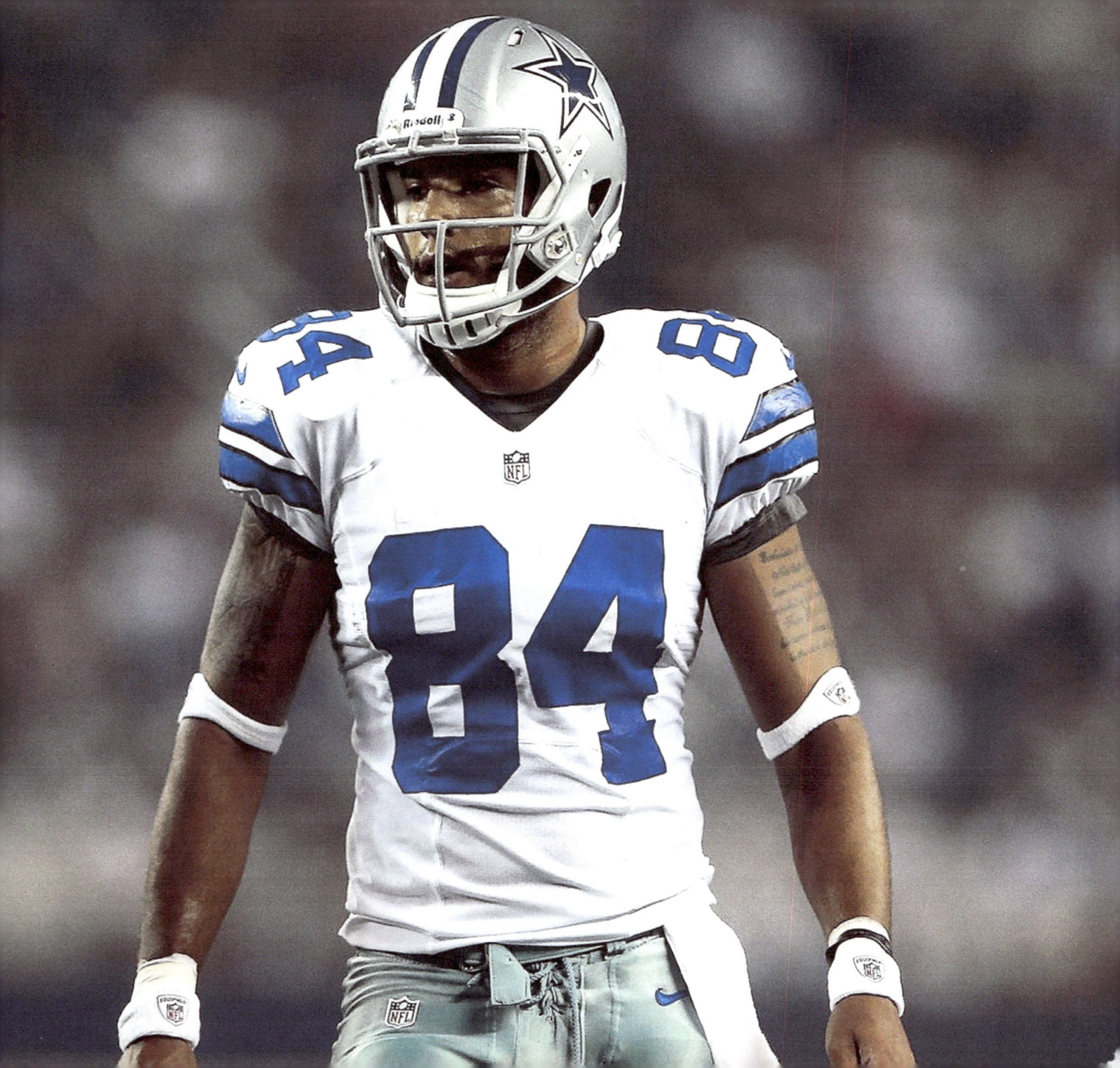
84
84
84
NFL
NFL

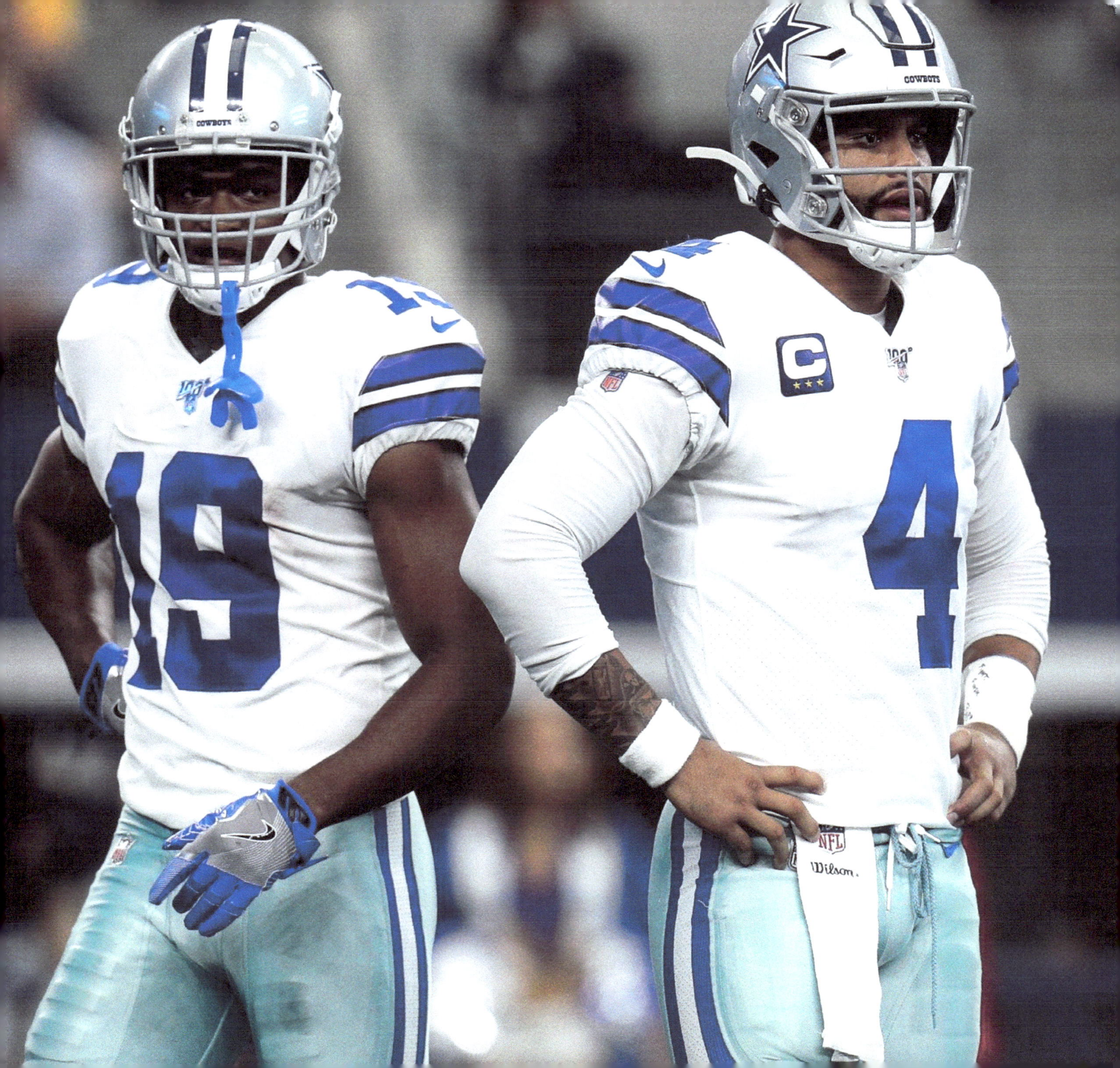
COWBOYS
19
4
C
NFL
Wilson

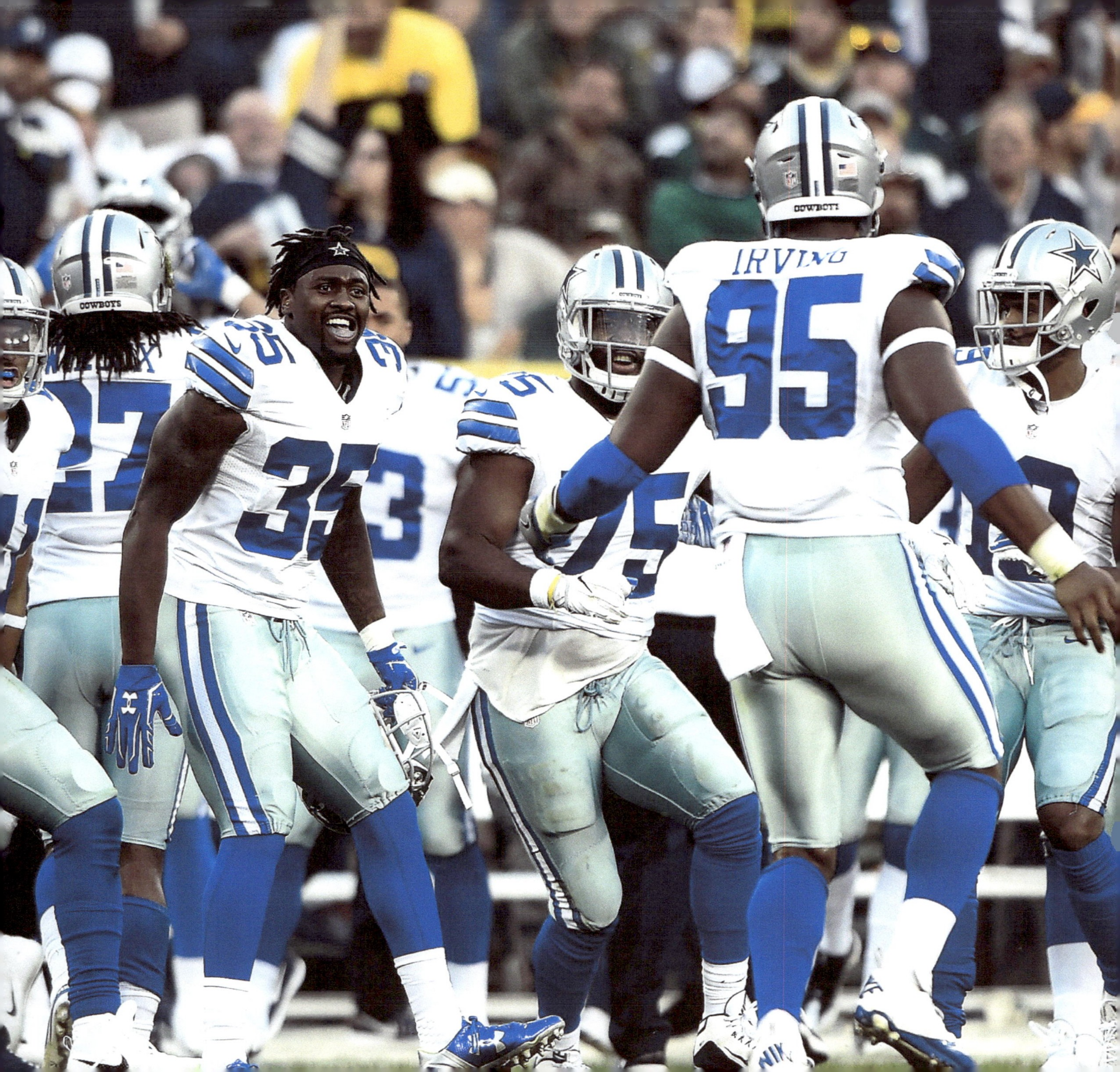
IRVING
95
35

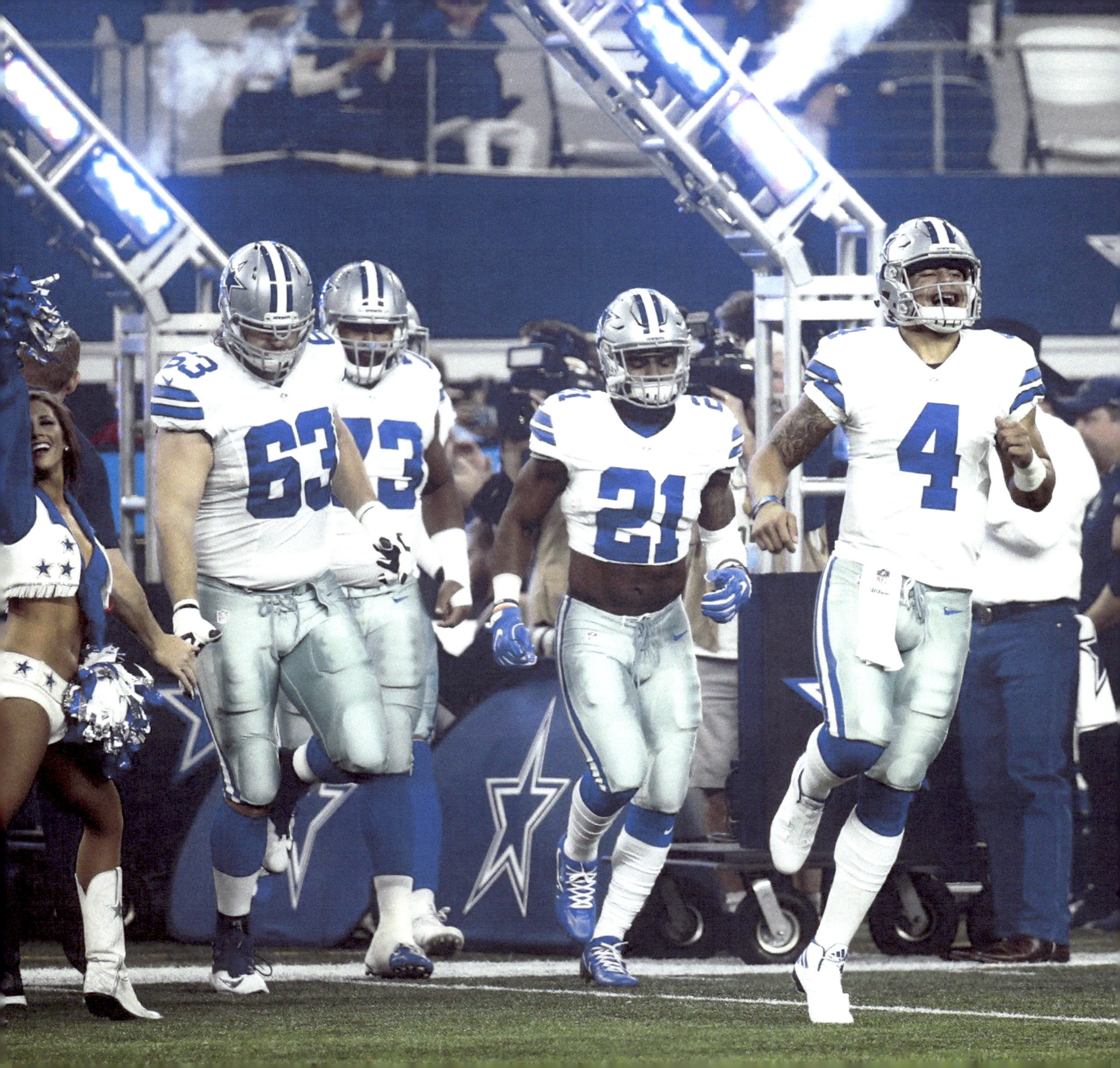
63
73
21
4

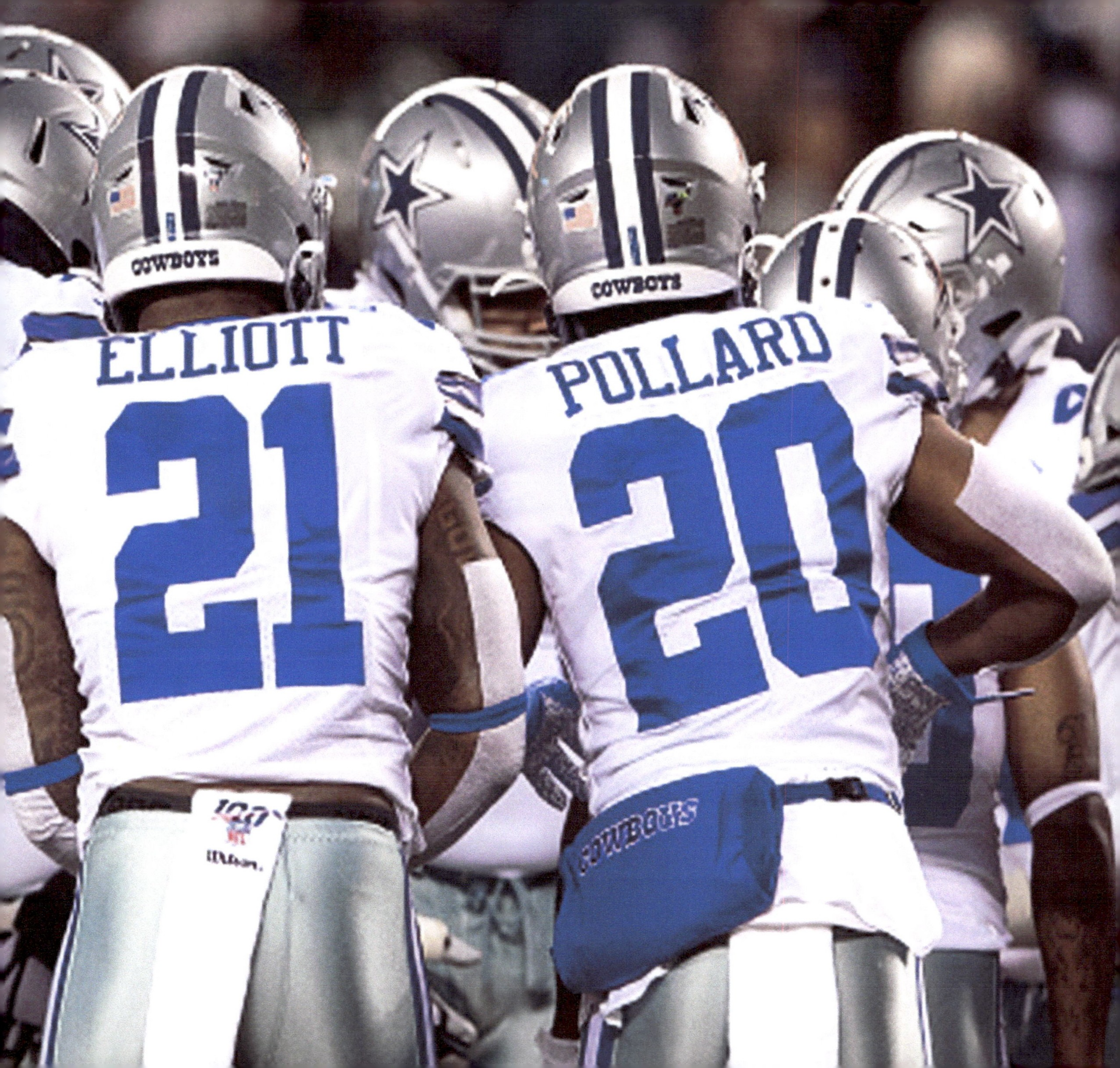
COWBOYS
COWBOYS
ELLIOTT
21
POLLARD
20
COWBOYS

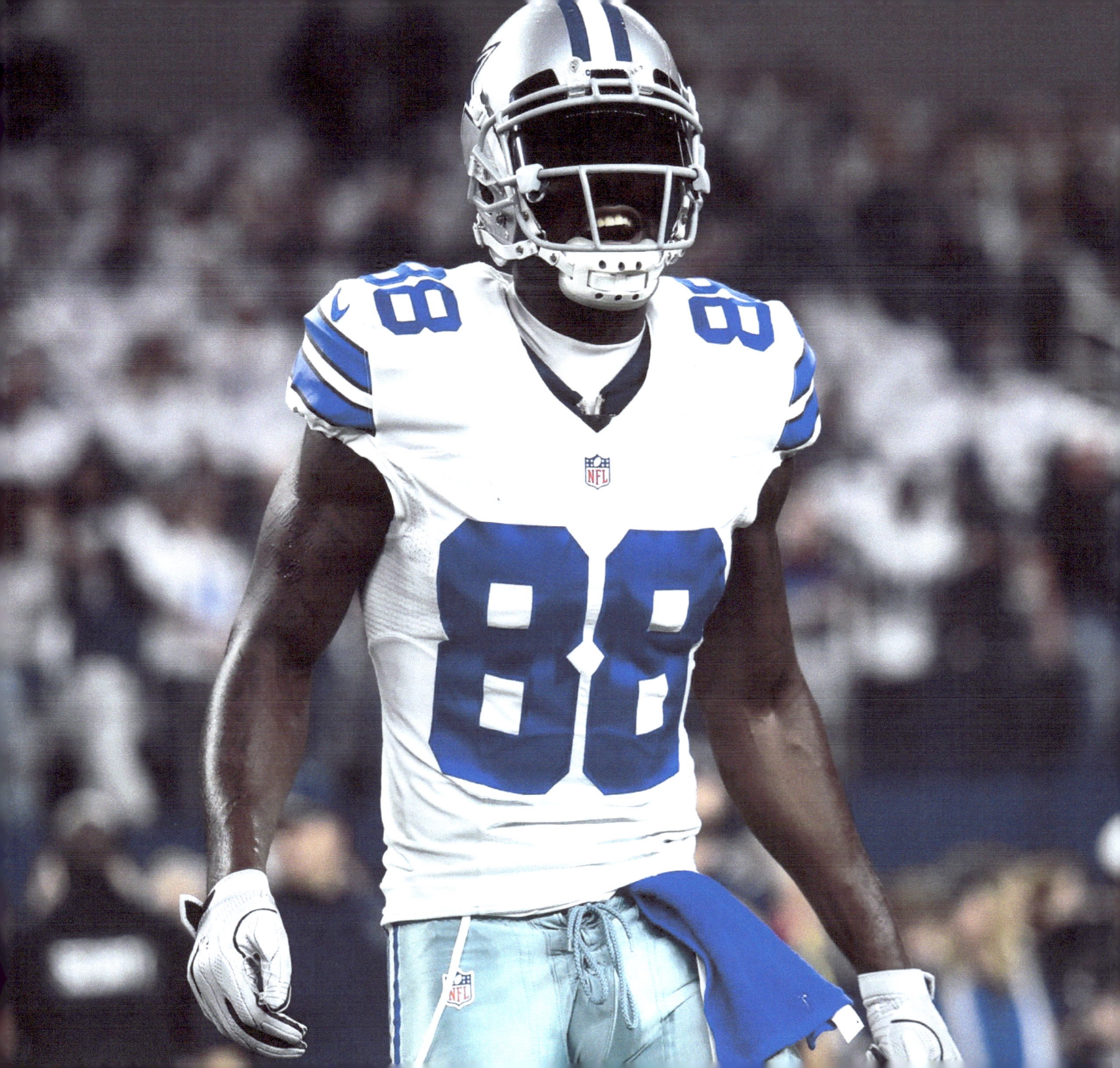
88
NFL
88

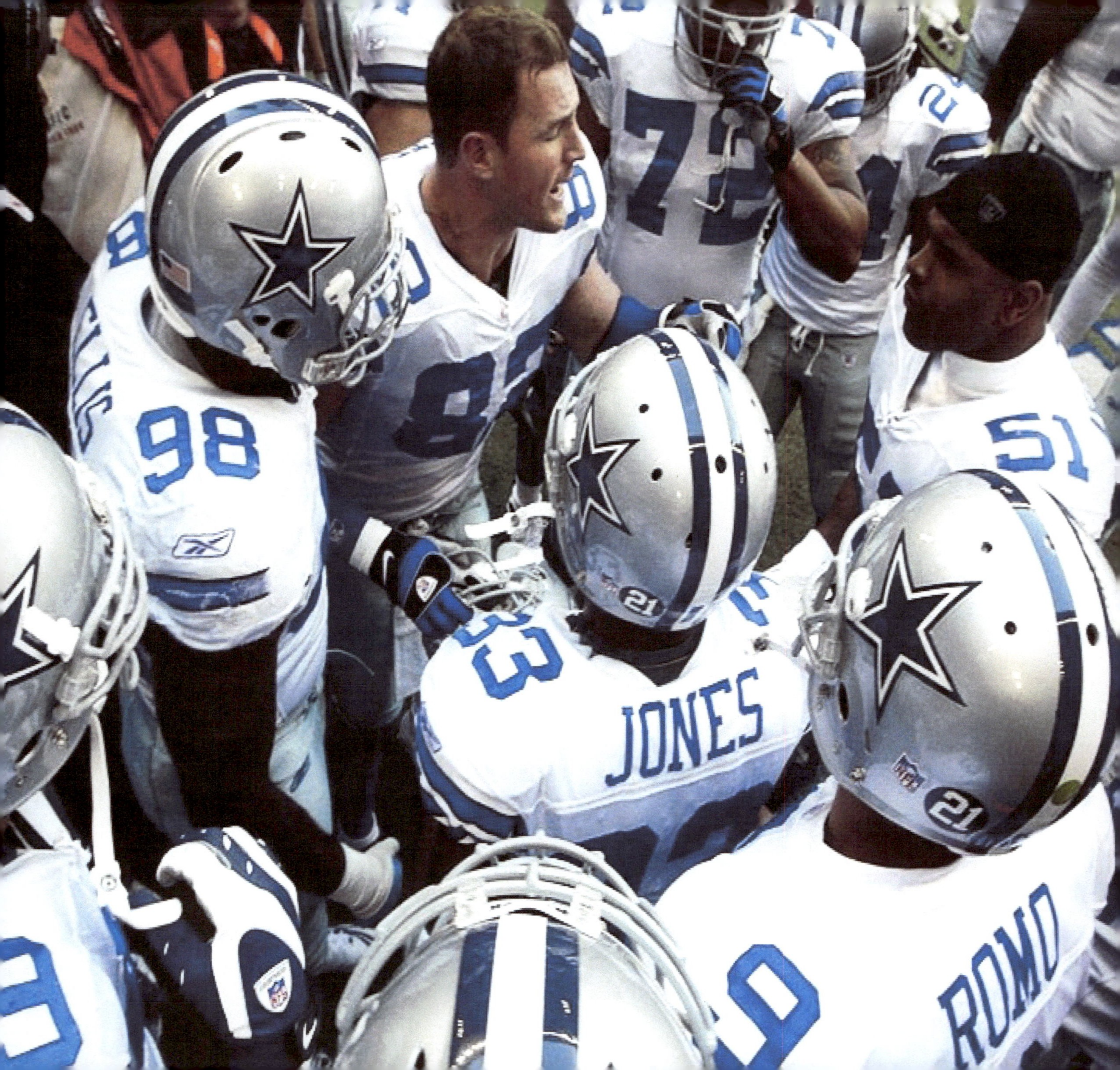
98
72
51
33
JONES
ROMO

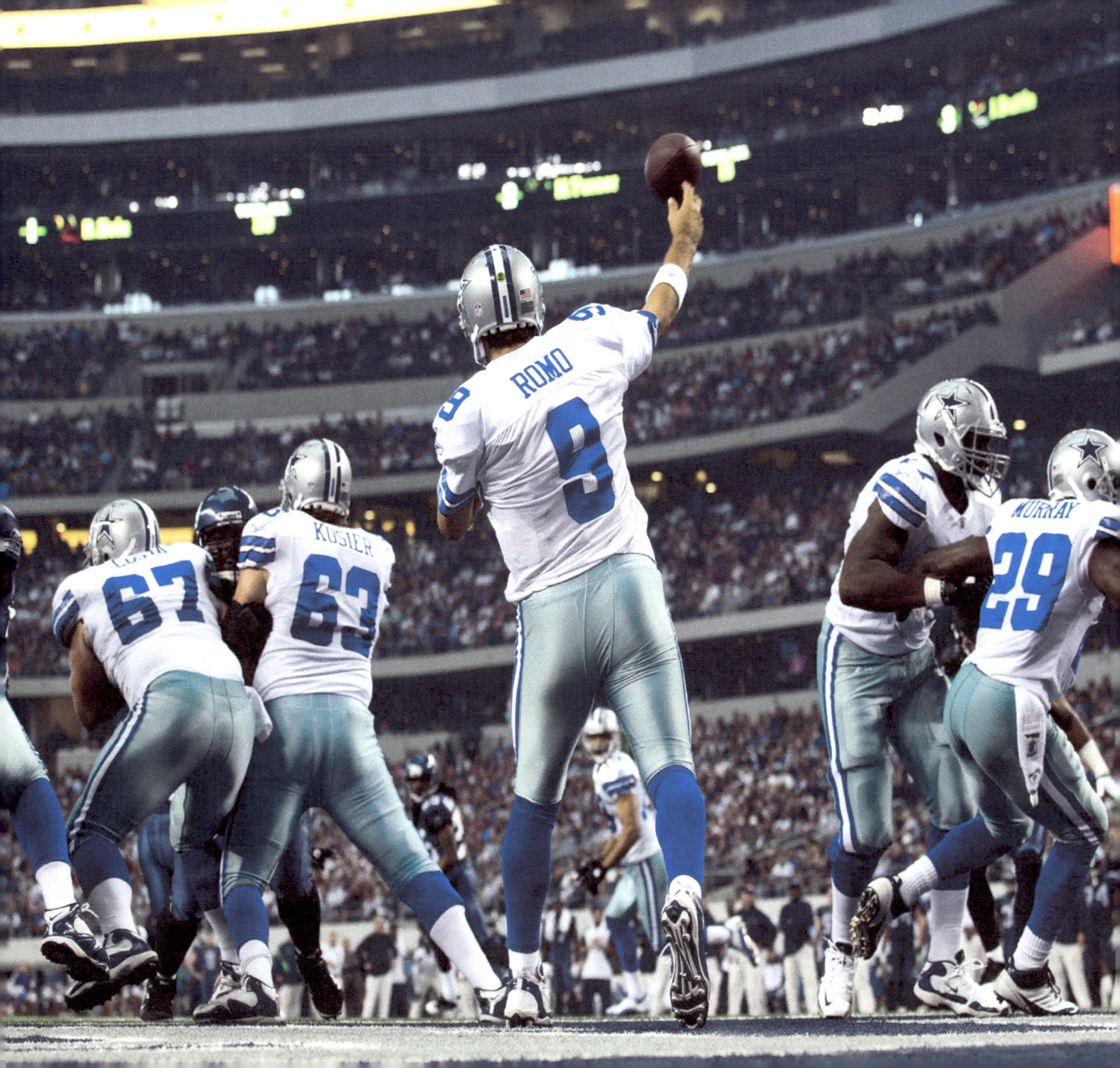
ROMO
9
KOSIER
63
67
MURRAY
29

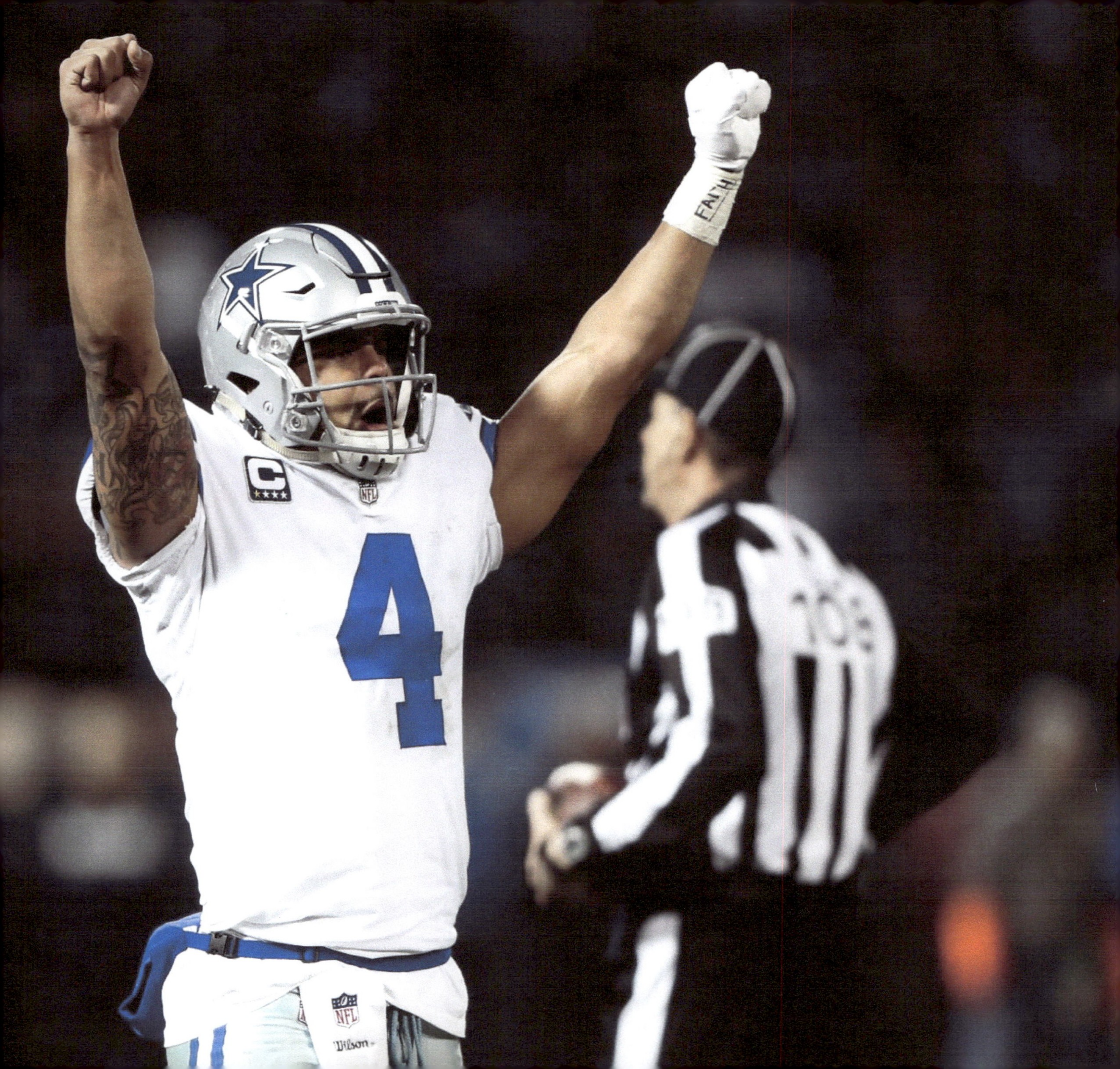
FAITH
4
NFL
Wilson

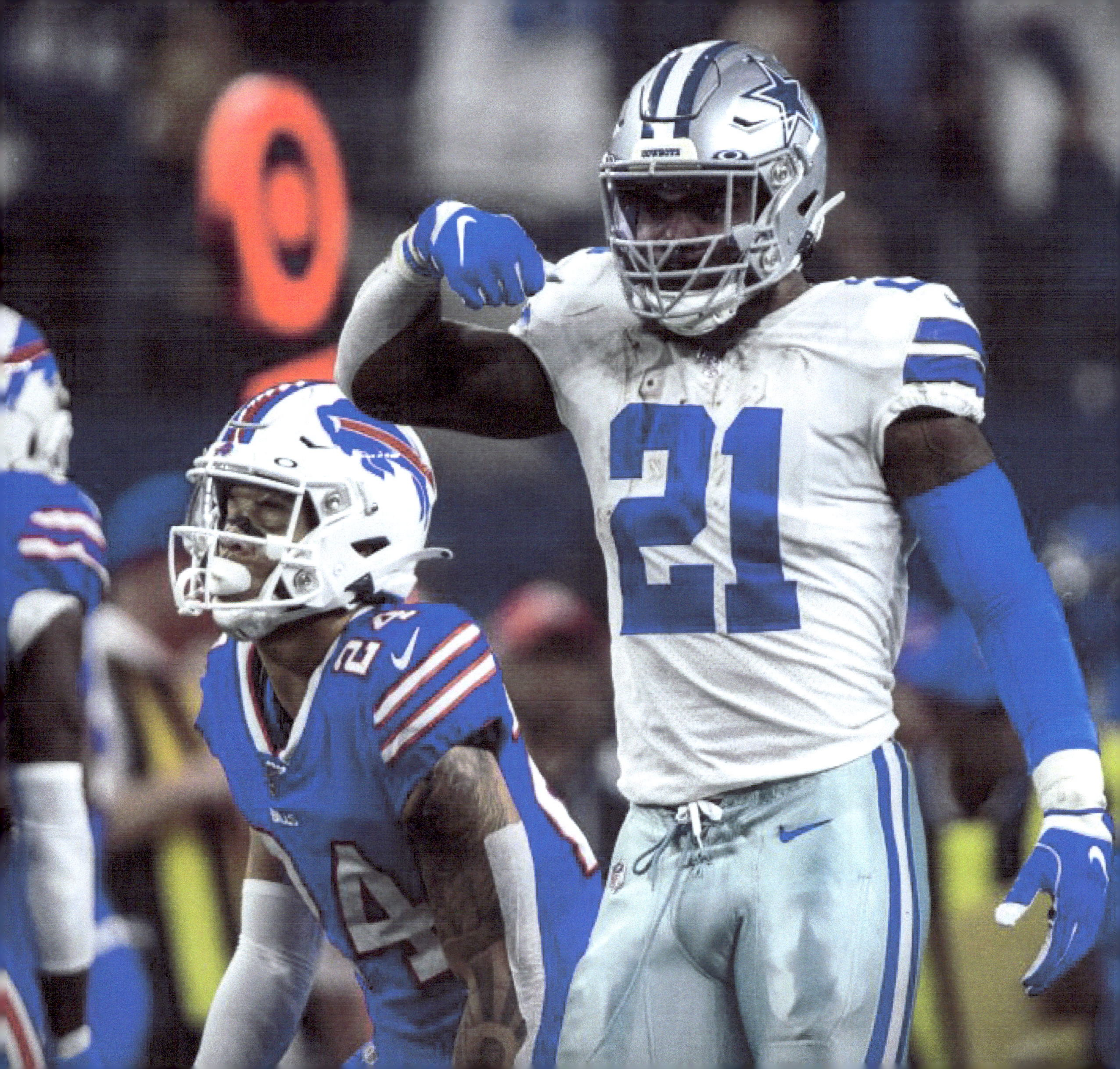
21
24

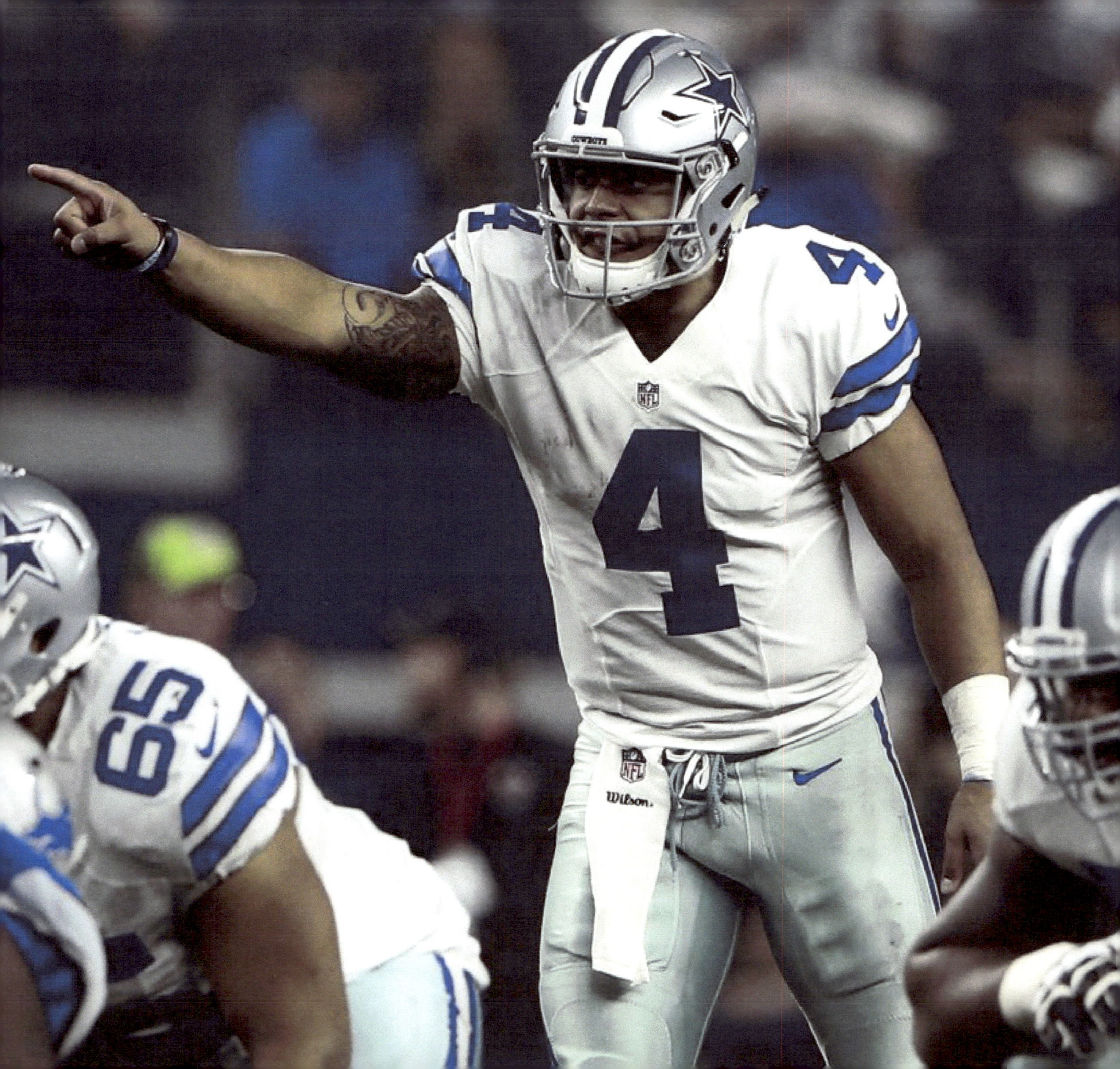
4
4
65
Wilson

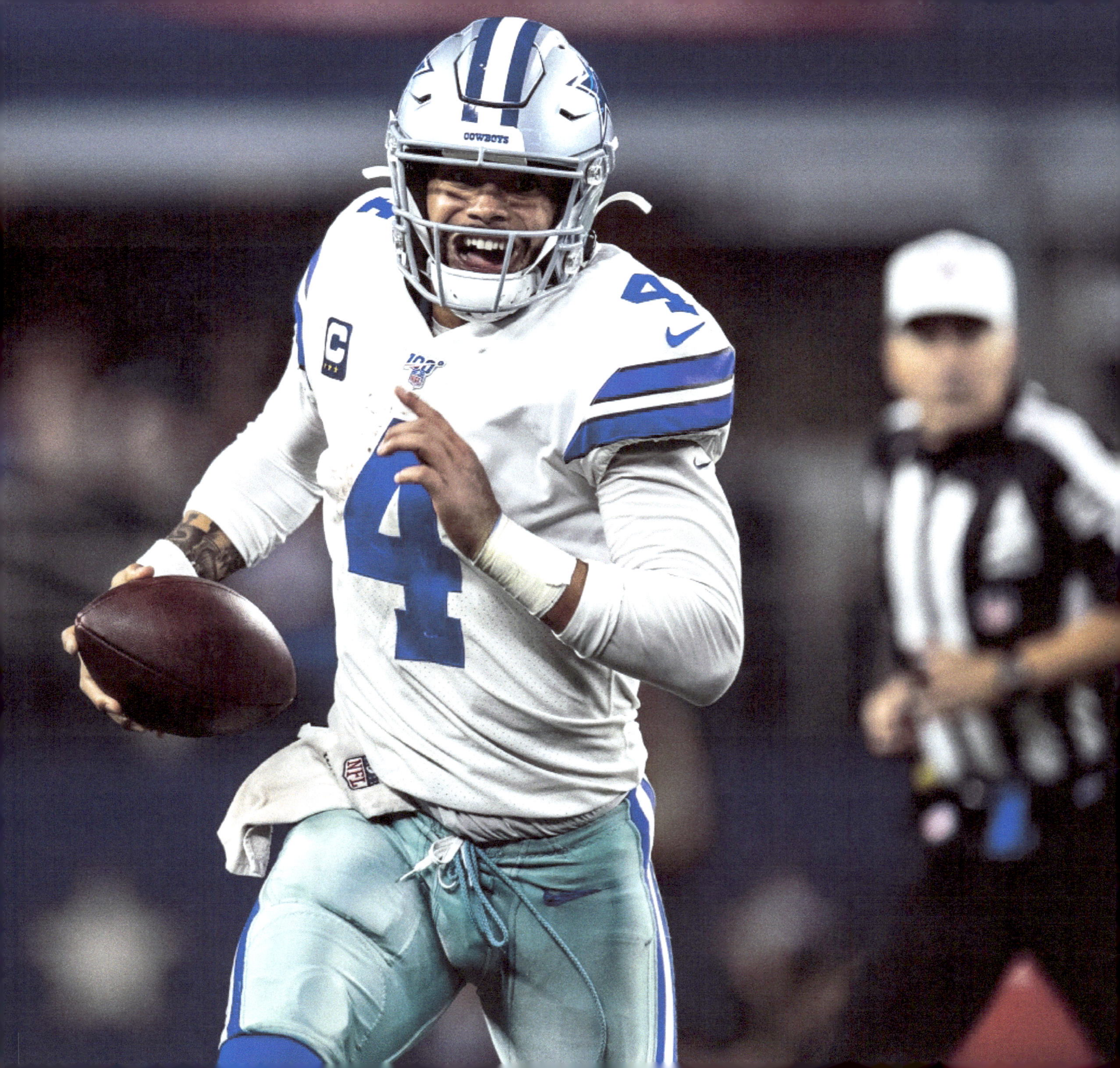
COWBOYS
4

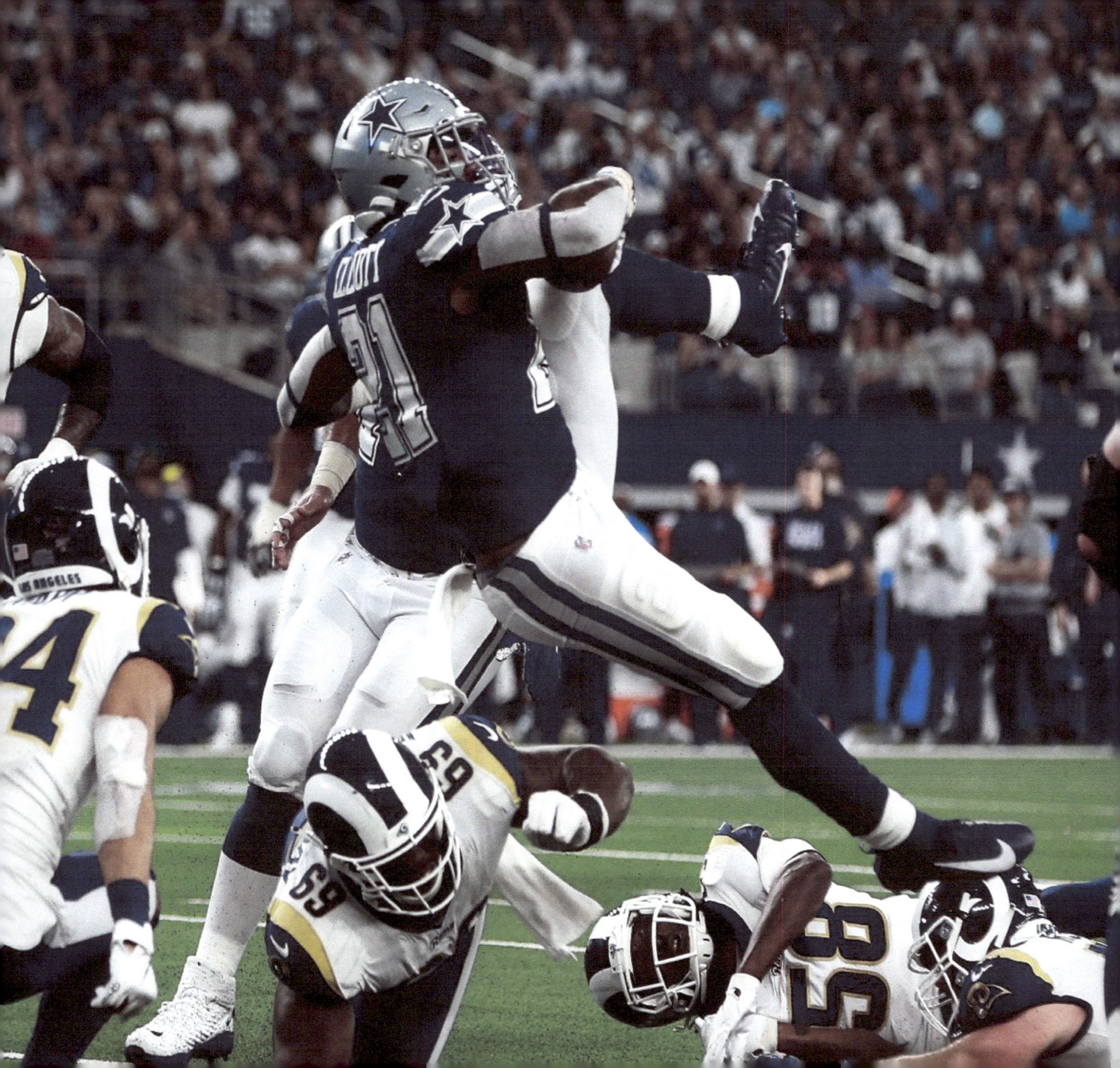

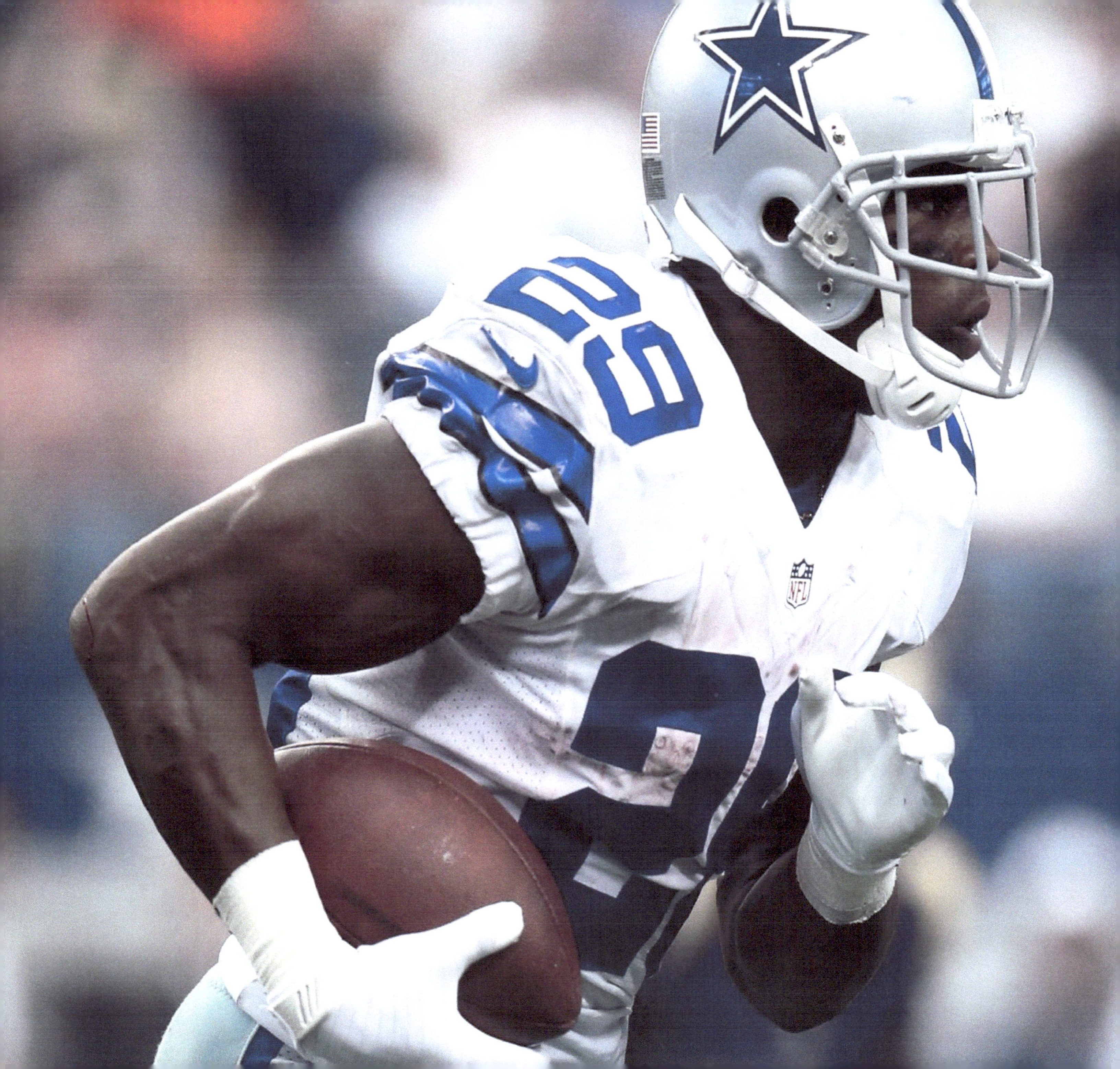

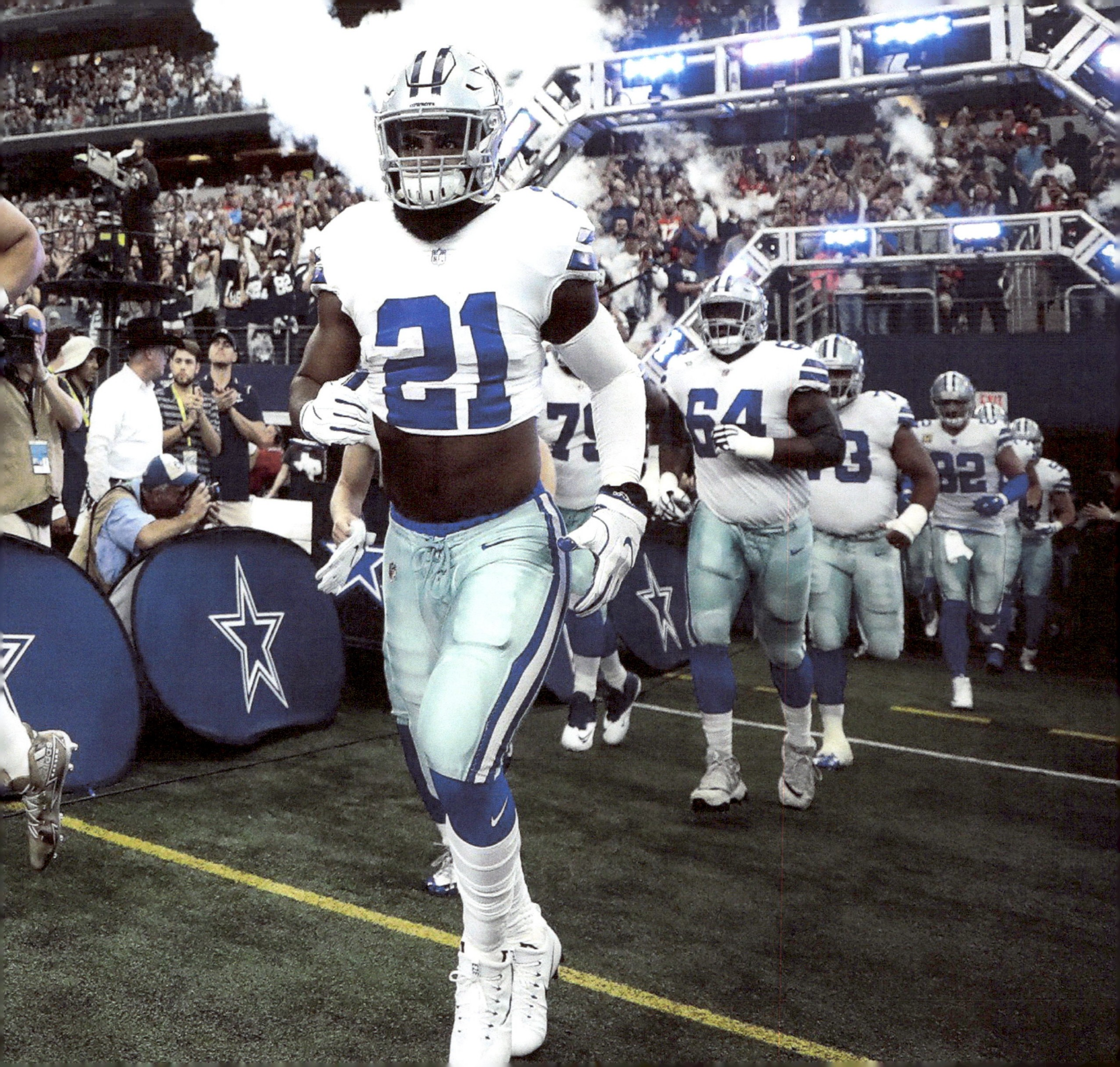
21
64
92

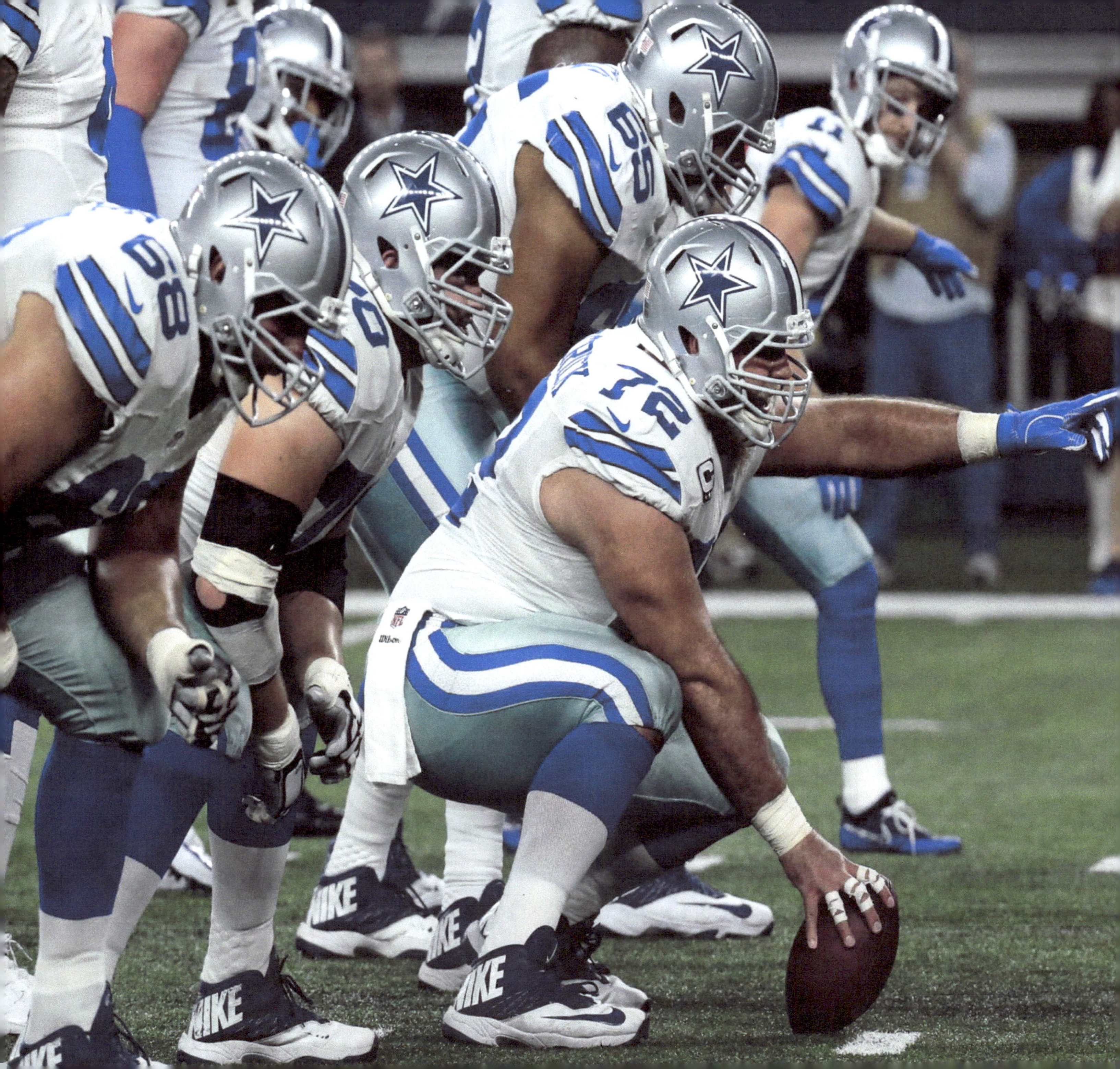
NIKE

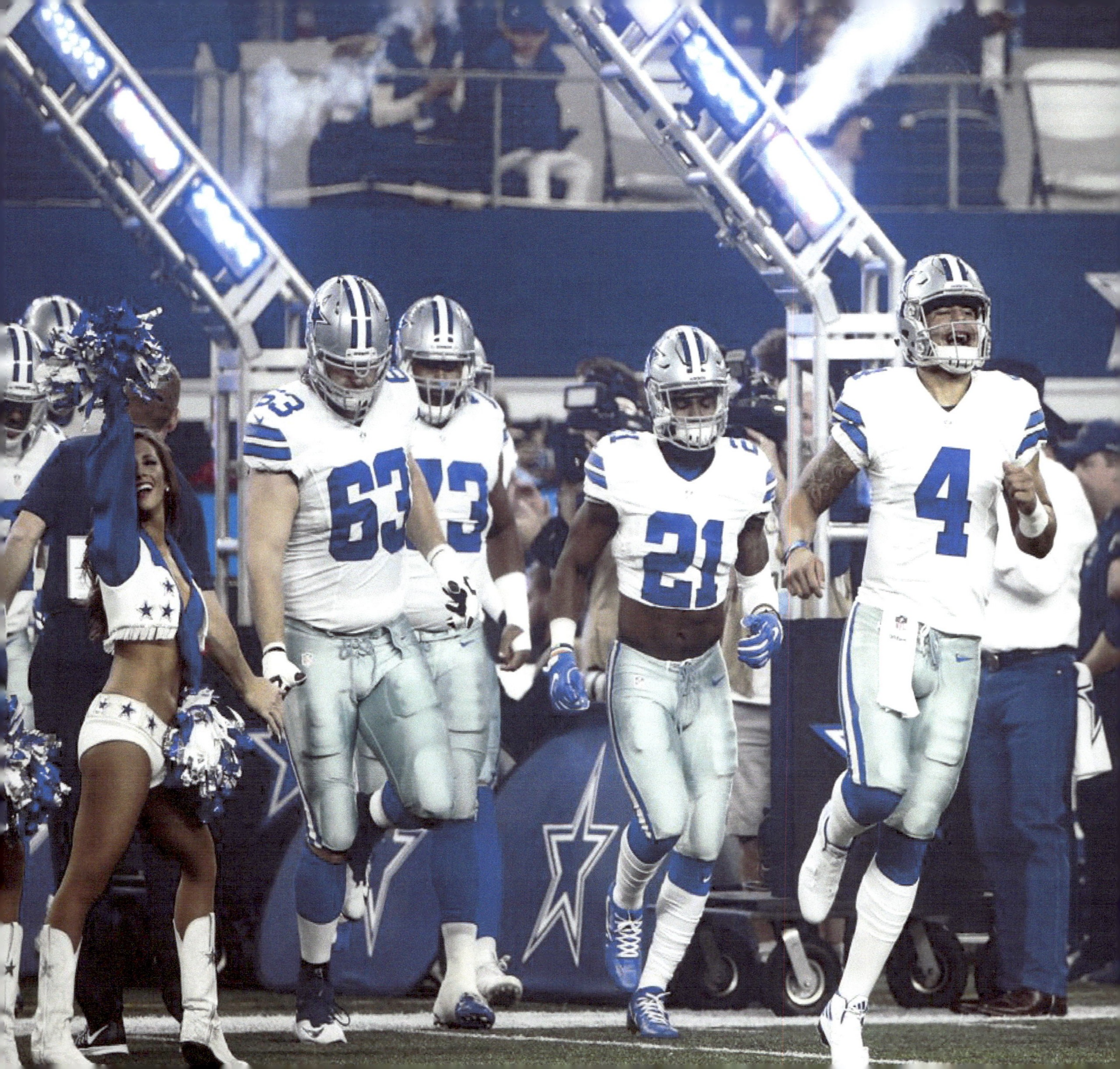
63
21
4

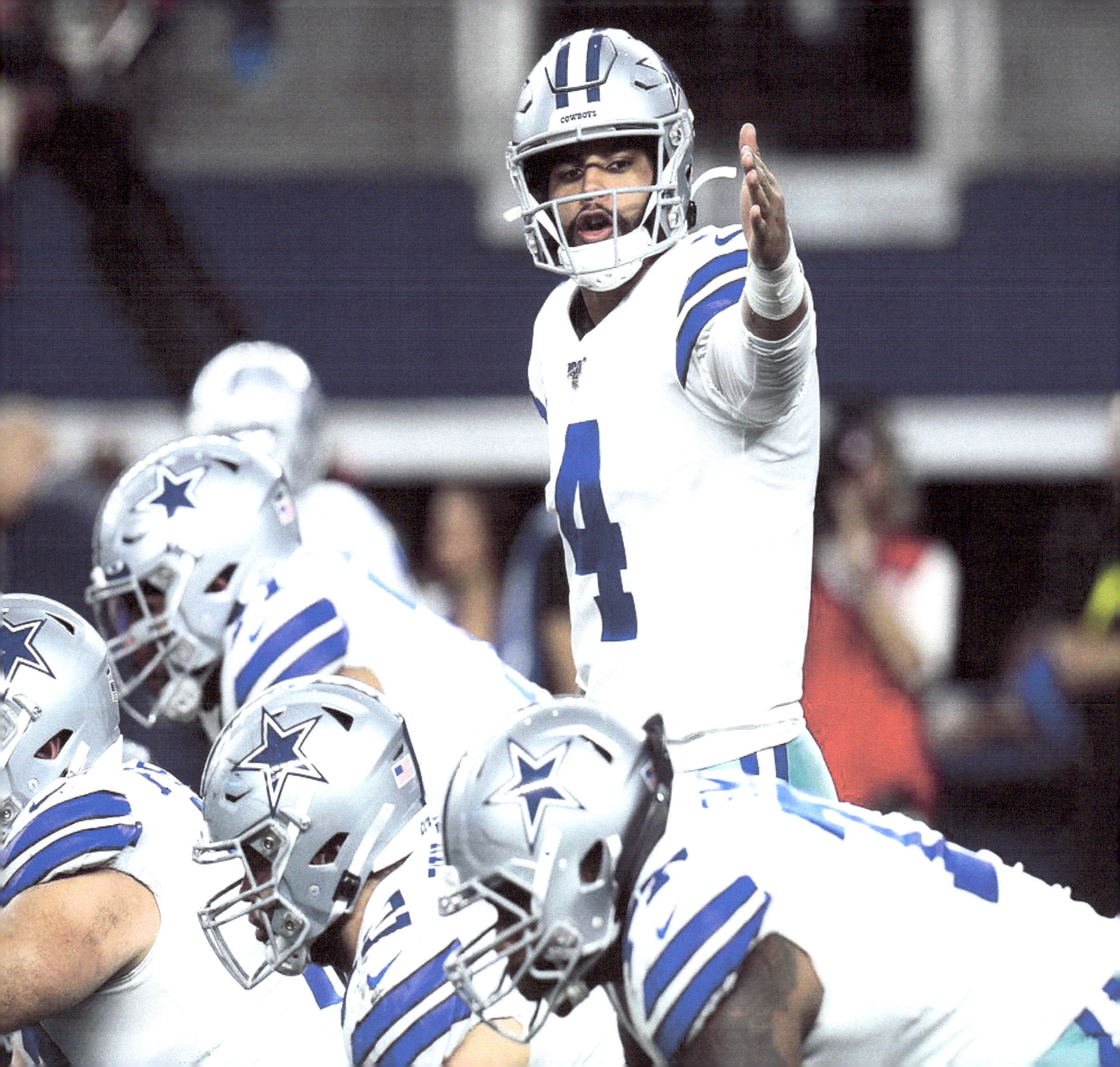
COWBOYS

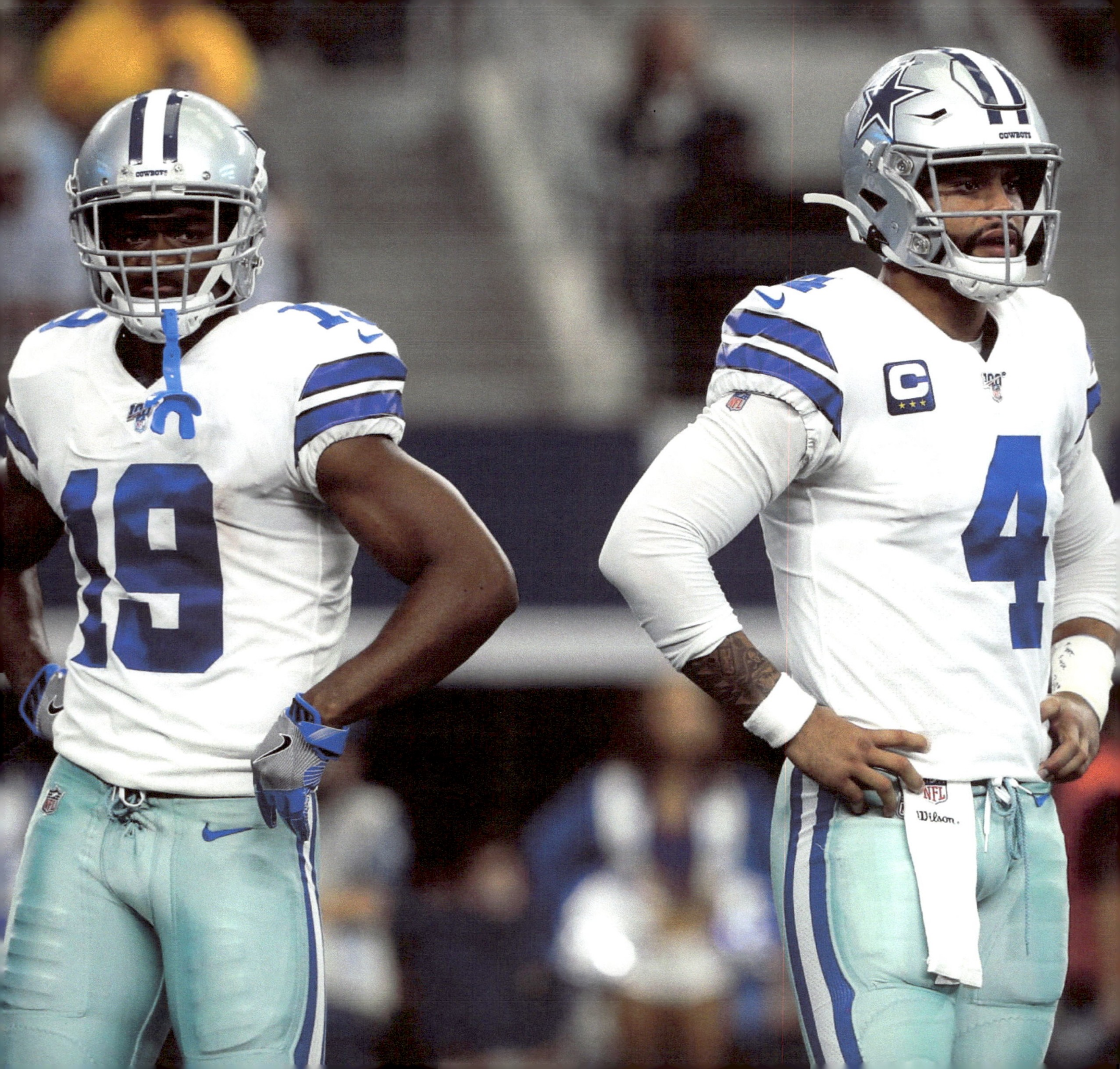
19
4
C
NFL
Wilson

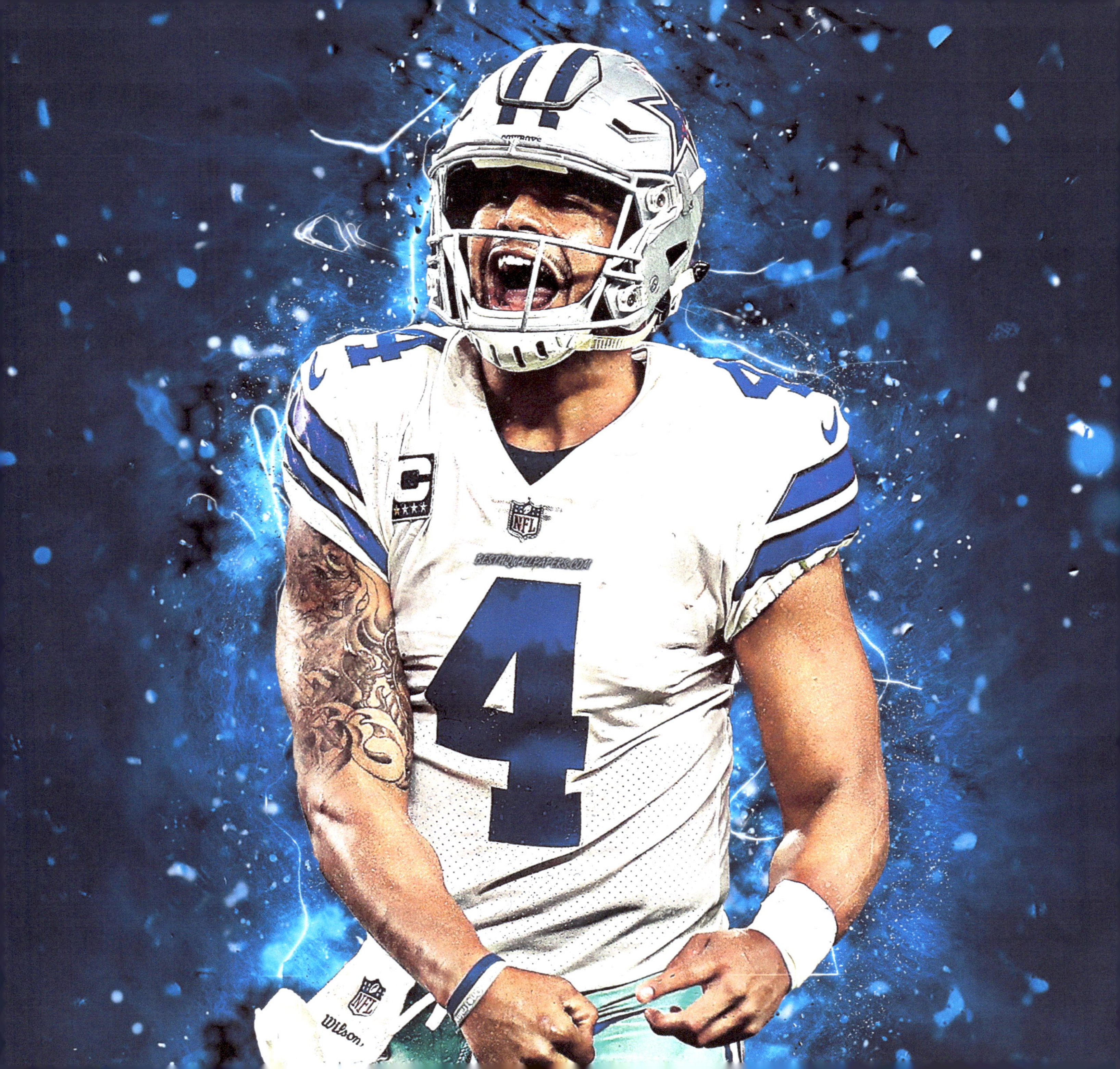
4
C
NFL
4
Wilson

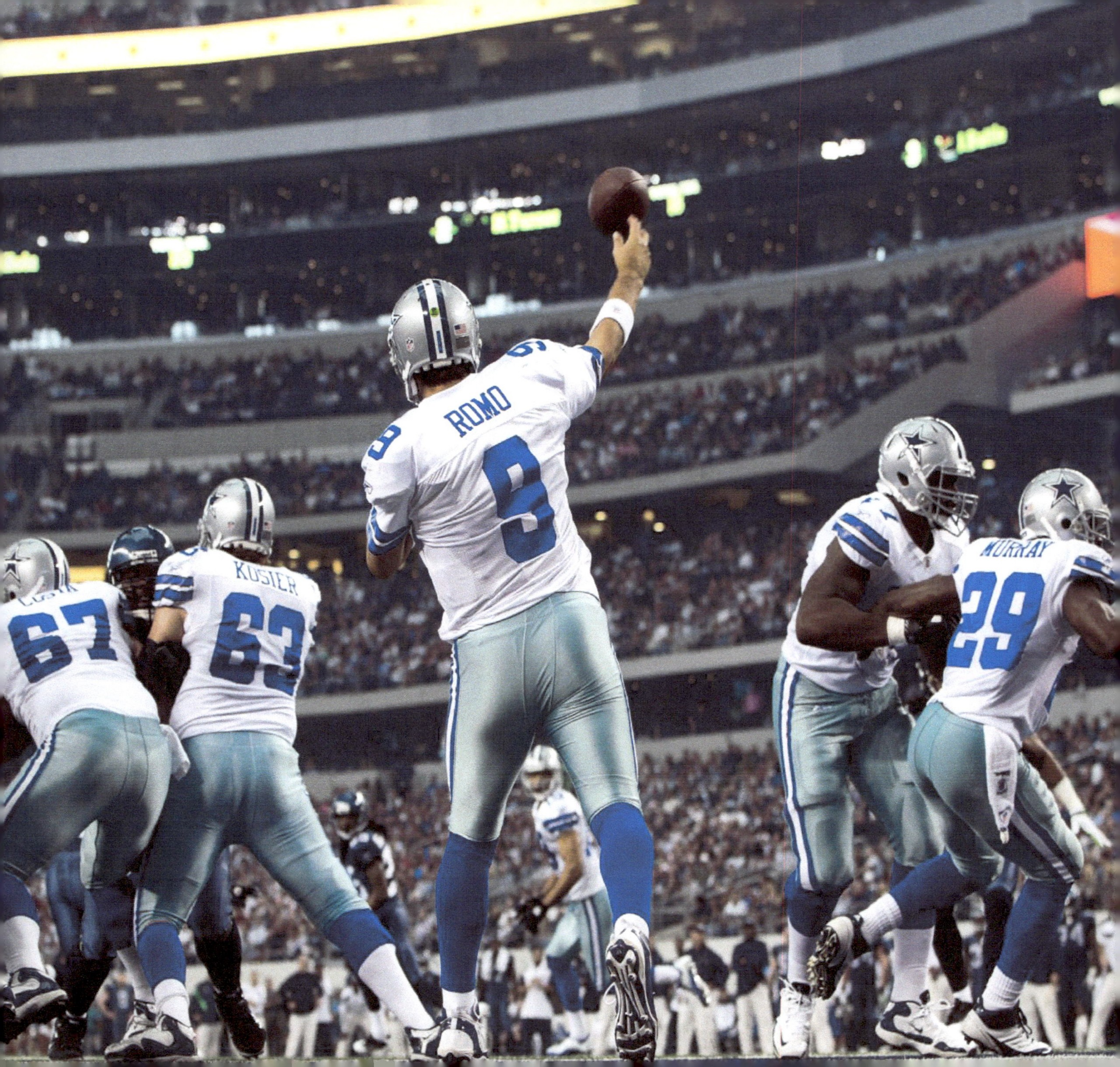
ROMO
9
KOSIER
63
67
MURRAY
29

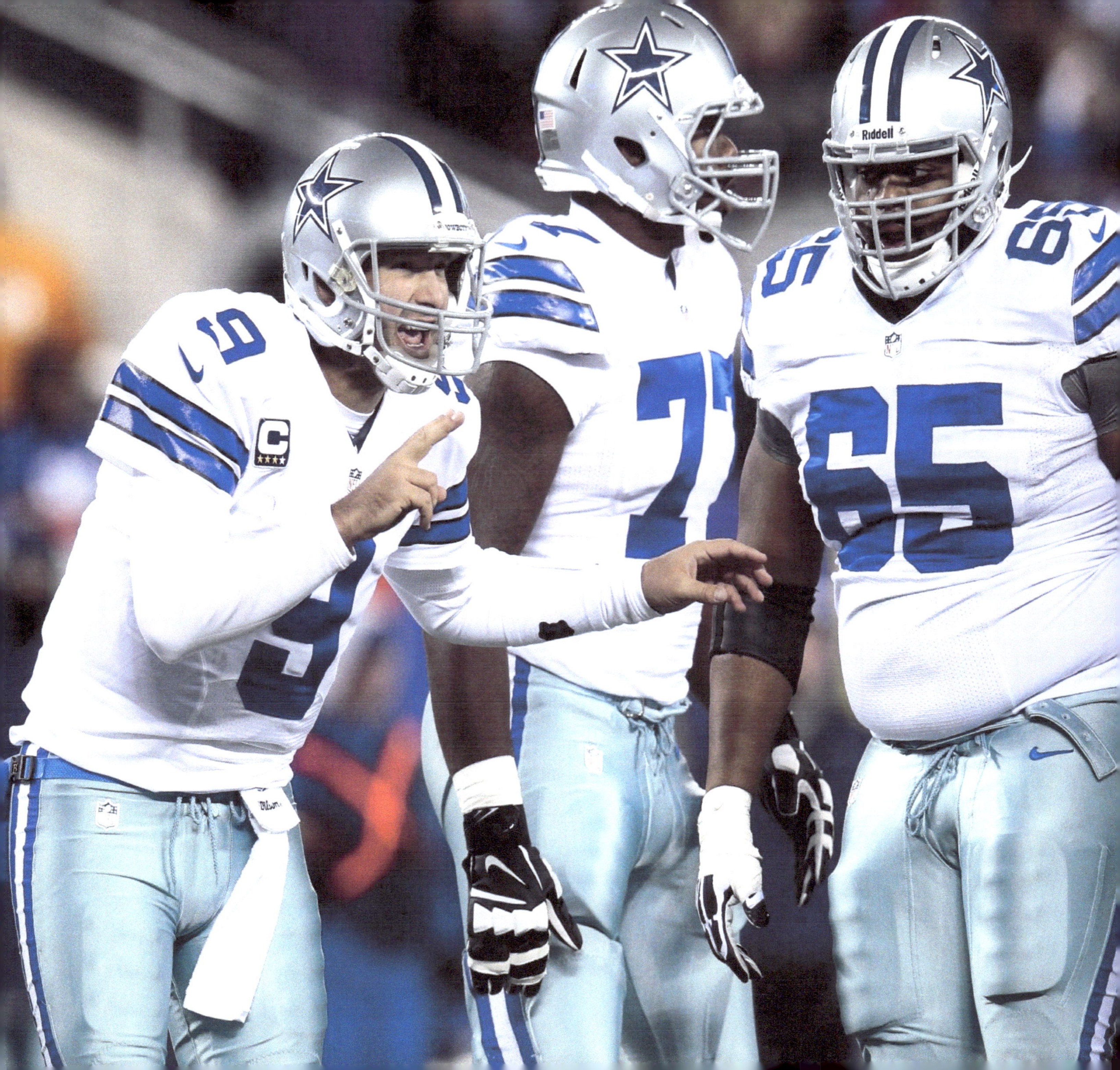
Riddell

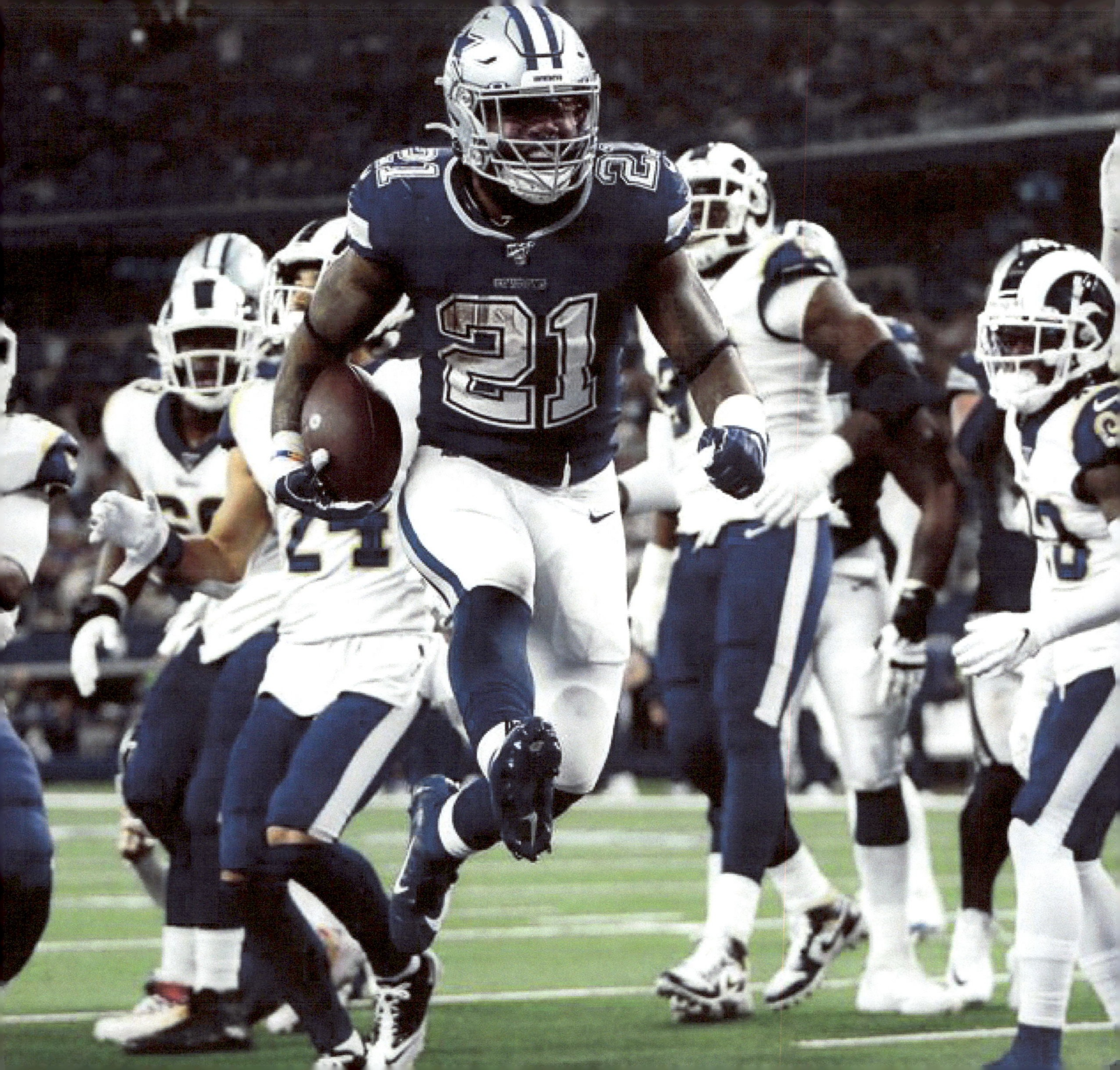

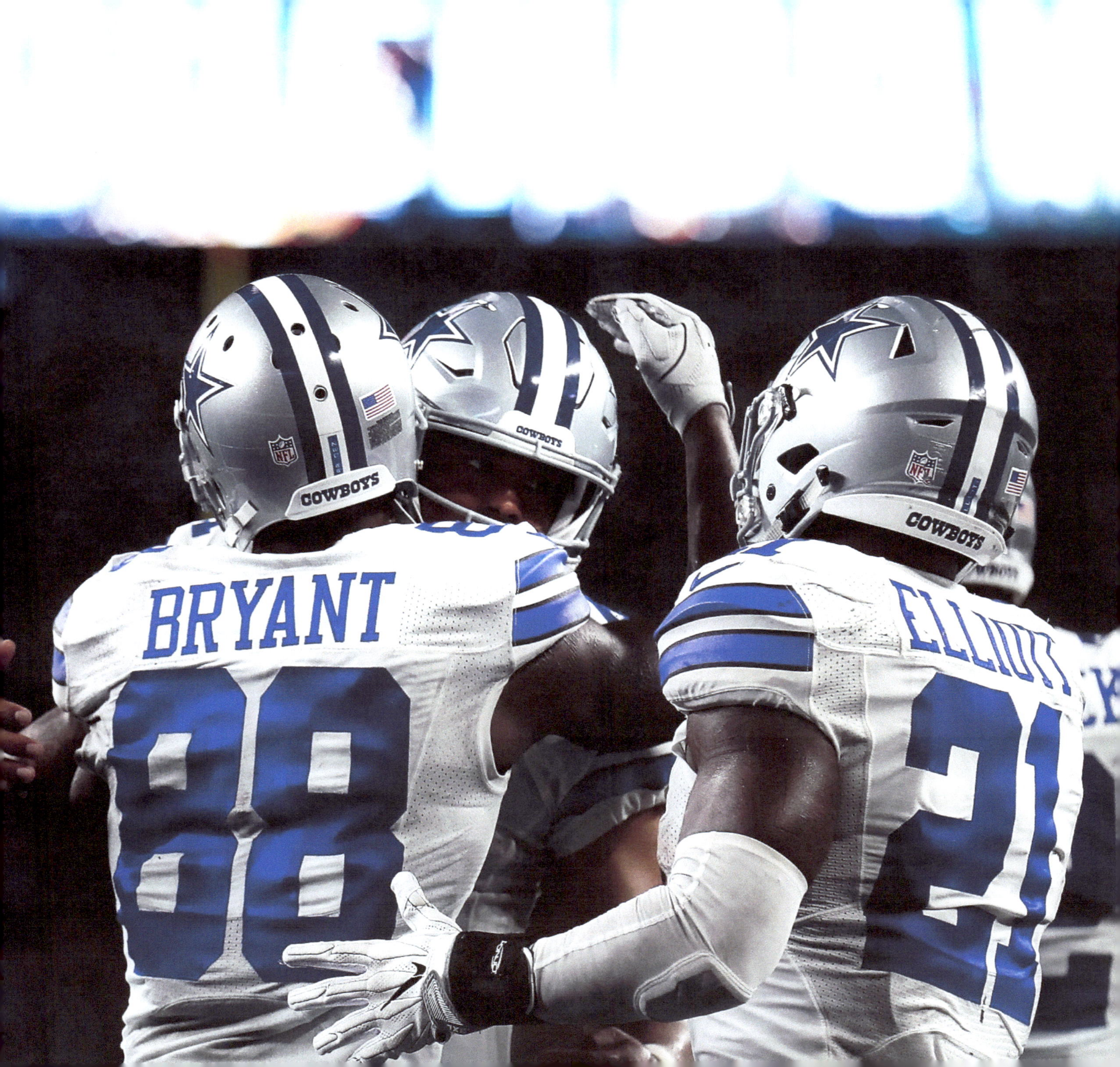
BRYANT
88
ELLIOTT
21
COWBOYS

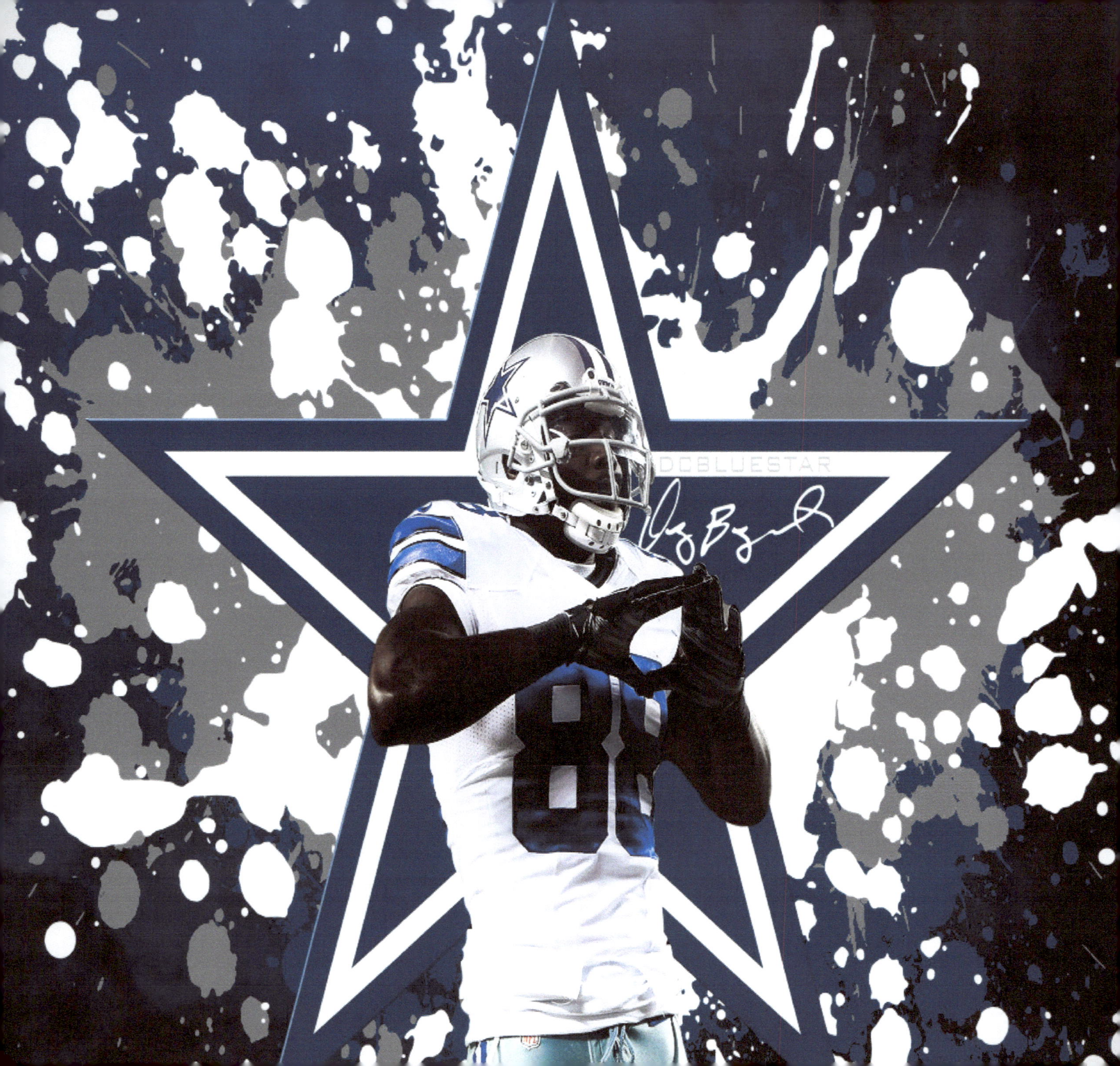
DCBLUESTAR

www.ingramcontent.com/pod-product-compliance
Lightning Source LLC
Chambersburg PA
CBHW051831210526
45473CB00005B/1834
9798366185110